ALGÉRIE.

RÉPONSE

A M. LE DOCTEUR GUYON,

MEMBRE DE LA SOCIÉTÉ SCIENTIFIQUE D'AFRIQUE.

Paris. Imp. de FÉLIX LOCQUIN, 16, rue N.-D.-des-Victoires.

ALGÉRIE.

RÉPONSE

A L'EXAMEN PUBLIÉ PAR M. LE DOCTEUR GUYON,

MEMBRE DE LA SOCIÉTÉ SCIENTIFIQUE D'AFRIQUE,

SUR LES

QUATORZE OBSERVATIONS.

PAR

Le général Duvivier.

PARIS.

H.-L. DELLOYE, ÉDITEUR.

LIBRAIRIE GARNIER FRÈRES,

PALAIS-ROYAL, GALERIE D'ORLÉANS,

SEPTEMBRE 1843

ALGÉRIE.

RÉPONSE

A M. LE DOCTEUR GUYON,

MEMBRE DE LA SOCIÉTÉ SCIENTIFIQUE D'AFRIQUE.

Tout auteur qui publie ses pensées, le fait toujours sous la condition, quelquefois sous l'espoir d'être combattu. S'il est combattu, doit-il entreprendre une polémique ? La réponse la plus sage doit presque toujours être NON. C'est celle que nous sommes décidé à adopter relativement aux divers travaux que nous avons publiés sur l'Algérie. Jamais nous ne nous jetterons dans une polémique quelconque pour les soutenir. Cette résolution, il ne faut pas l'attribuer à une répulsion vaniteuse de notre part envers ceux qui ne partageraient pas notre avis ; elle est fille d'une tout autre considération. Nos publications, et celles de nos adversaires, ne sont que des pièces au dossier d'un grand procès ; les personnes qui par leur position ont à discuter, voter, résoudre, ou à se résoudre sur les affaires algériennes, liront toutes ces pièces ; elles les pèseront, elles les examineront et les réexamineront avec soin. Leur intelligence et leur jugement naturel ainsi éclairés feront justice des fausses combinaisons et des faux principes. Quel rôle joueraient donc, au milieu de cet examen consciencieux et impartial, toutes les polémiques possibles ? Donneraient-elles jamais raison à celui qui a tort, ou tort à celui qui a raison ? Des plaisants, des révolutionnaires aussi, car, dit-on, il en pleut, nous ont, il est vrai, représenté que nous nous basions sur une hypothèse toute gratuite ; qu'à ce monde de juges tant soit peu paresseux, ou indifférents, devrait être appliqué le principe de Montesquieu, autre plaisant qui voulait que dans les assemblées on prît les avis à la MINEURE et non à la MAJEURE. Mais nous qui, Dieu merci, ne sommes ni plaisant ni révolutionnaire ; nous qui trouvons mortellement ennuyeux de reparler toujours des mêmes choses, nous préférons avoir foi aux juges. Ferme dans notre résolution, nous n'entamerons aucune polémique ; s'il advient que nous prenions la plume à l'occasion de quelque écrit s'occupant des nôtres, ce sera uniquement pour repousser des pensées que nous n'avions pas eues, que nous n'avions pas émises ; des pensées qui, par une erreur quelconque, nous auraient, à tort, été attribuées. Voilà ce que nous désirons qu'on sache une fois pour toutes.

Les considérations que, sous le titre EXAMEN, ETC.,

M. le docteur Guyon vient de publier, relativement à notre opuscule, QUATORZE OBSERVATIONS, nous mettent, à notre grand regret, dans cette position exceptionnelle. Elles nous attribuent des assertions qui ne sont pas à nous. Est-ce la faute du docteur qui aurait lu trop promptement ? est-ce notre faute, notre rédaction étant trop brève et par suite obscure ? N'importe. — Ceci deviendrait question d'amour-propre, ce qui signifie toujours question absurde. Il vaut mieux s'entendre sur la grande question. Désirant être extrêmement bref, nous éviterons les citations, nous bornant à les indiquer, ou à en résumer le sens. Nous prions donc instamment le lecteur d'avoir les deux opuscules sous les yeux. Immédiatement entrons en matière.

Dans les cinq pages d'introduction à nos QUATORZE OBSERVATIONS, nous établissions que M. le général Bugeaud , aux temps où il fut hostile à l'Algérie, le fut parce qu'il avait trop vite et trop généralement conclu. Nous appuyions cette remarque par quelques preuves. Nous établissions ensuite que M. le général Bugeaud, depuis qu'un grand revirement venait de s'opérer dans ses pensées , nous paraissait trop conclure à l'avantage de nos établissements d'Algérie , et dépasser la réalité en faveur comme jadis il l'avait dépassée en défaveur; nous apportions quelques remarques à l'appui. De là nous tirions cette unique conclusion : *qu'il fallait lire et étudier son mémoire avec crainte.* Alors, et seulement alors, commençait réellement notre travail. Or, dans cette introduction, se sont trouvées les principales dissidences soit réelles, soit apparentes, entre M. le docteur Guyon et nous.

Commençons par les remarques que nous avions dû signaler pour établir que *jadis* M. le général Bugeaud avait trop vite et trop généralement conclu.

M. le général Bugeaud, dans son mémoire, avouait qu'il avait accusé d'hyperbole l'antiquité vantant la fertilité de l'Afrique, parce que dans ses courses de la province d'Oran il avait trouvé la terre peu fertile. Nous remarquions à ce sujet que c'était avoir conclu trop précipitamment; que l'Algérie est une province tout autre que l'AFRICA PROPRIA des Latins, région dont l'ancienne fertilité était établie d'une manière *incontestable*; que par conséquent l'Algérie, quelle que soit sa valeur, est inhabile à infirmer les assertions de l'antiquité sur l'Afrique; qu'en thèse générale on doit s'abstenir de conclure complètement d'une de ces provinces à l'autre. — Sur cela, M. Guyon, transcrivant notre passage, affirme (p. 6, ligne 16) *que nous accusons l'Algérie de stérilité.* Cette affirmation est, en fait, une complète erreur de sa part; nous ne concevons même pas comment elle a pu prendre naissance. — Peut-être notre passage n'est-il pas assez clair? — Soit. — Mais ce passage ne s'arrêtait pas net où M. Guyon l'a coupé. Il était terminé par ces lignes bien caractéristiques : « Tenir « compte des renseignements que pouvaient don- « ner les Français qui avaient vu, n'aurait-il pas été « un moyen plus probable d'approcher d'une con- « clusion exacte? M. le général Bugeaud n'a pas « oublié que dans diverses discussions suscitées par

« lui lors de ses deux voyages, chacun s'empressa
« de dépeindre ce qu'il avait vu et observé. *Pourquoi*
« *donc, en* 1837, *s'être décidé à ne pas croire ?* »—
Ainsi, au moment où, dans son mémoire, M. le général Bugeaud se repent d'avoir jadis regardé l'Algérie comme infertile, nous lui répondons : *Pour-*
quoi n'avez-vous pas voulu nous croire ? Et cette réponse de notre part signifierait : L'ALGÉRIE EST STÉ-
RILE ? — Pareille interprétation n'est pas possible ;
nous en appelons à M. Guyon lui-même. — De plus,
dans cette réponse soulignée ci-dessus, c'est à raison que se trouve le mot NOUS ; car, entre autres circonstances, un soir, en 1836, dans le salon de
madame la maréchale Clauzel, un groupe s'étant
formé autour de M. le général Bugeaud parlant contre la fertilité de l'Algérie, M. de Lamoricière et
nous, nous soutenions la discussion contraire, en
nous appuyant toujours sur ce que nous avions vu.

Mais admettons pour un instant que tout le paragraphe, cause de ce débat, soit tellement dépourvu de
clarté qu'il mette l'esprit du lecteur en doute. Comme
il ne renferme aucun mot qui dise nettement l'AL-
GÉRIE EST STÉRILE, M. Guyon, pour en déduire un
sujet de blâme, a sans doute cherché notre pensée autre part. Or, dans tous nos écrits, nous soutenons que
la colonisation doit être fondée sur la culture ; nous
organisons tout notre système pour la culture ; nous
poussons de toutes manières à la culture ; nous de-
mandons l'envoi de fortes colonies de cultivateurs
organisées d'avance ; M. Guyon partage ces vues.
Comment donc aurions-nous proposé et demandé

ainsi à satiété l'exécution d'un système entièrement fondé sur la culture, si, *a priori*, nous eussions posé le principe l'ALGÉRIE EST STÉRILE? — Il eût fallu chez nous une dose d'étourderie par trop forte pour qu'on ait voulu nous la supposer. — Nous ne savons où trouver des causes réelles d'origine à l'imputation dirigée contre nous, imputation entièrement contraire à ce qui a toujours été notre pensée. Nulle part, soit dans notre SOLUTION, soit dans nos OBSERVATIONS, nous ne parlons de la fertilité ou de la non-fertilité de la terre ; doit-on en conclure que nous déclarons la terre stérile? mais nulle part nous ne décrivons le cours du soleil en Algérie ; faut-il donc en déduire alors que nous nions la présence du soleil sur ces régions. — Non ; il est évident que de tout temps nous avons accepté la faculté de produire pour la terre de l'Algérie, comme nous avons de tout temps accepté la présence du soleil qui l'éclaire.

N'ayant jamais pensé à accuser la terre l'Algérie de stérilité, n'ayant même pas dit que du temps des Romains elle ne fournissait pas de produits, toutes les preuves accumulées par M. le docteur Guyon en vue de nous démontrer que l'Algérie n'est point stérile deviennent sans utilité directe pour cette question qui ne faisait pas question.

Néanmoins, sous un autre point de vue, nous consignerons ici quelques remarques relatives à ces mêmes preuves.

La fertilité excessive des terres qui s'étendaient à l'EST, depuis le méridien de Sicca-Veneria jusque très loin le long des deux Syrtes, a toujours été établie d'une manière incontestable chez tous les auteurs de l'antiquité ; jamais personne n'a pu mettre cette fertilité en doute. Si notre citation ne mentionna que l'*Africa propria*, c'est que le mot Afrique figurait seul dans le passage dont nous nous occupions ;

L'abondance des produits fournis par l'Algérie, c'est à dire par toutes les terres situées depuis le méridien de Sicca jusqu'à la Malva, est plus problématique. On peut discuter le pour et le contre tant qu'on voudra. Les citations rapportées dans lesquelles il est question de la Numidie ne tranchent pas forcément la question ; car M. le docteur Guyon sait, comme nous, qu'aux temps de Jugurtha, la Numidie s'étendait loin à l'est du méridien de Sicca ; celles où il est question de la Libye sont soumises à la même objection, car le mot Libye, surtout dans la bouche des poètes, exprime, au point de vue géographique, une position plus que vague ; les citations d'Hirtius s'appliquent aux deux Leptis, situées vers les Syrtes, ainsi qu'aux contrées à l'est du méridien de Sicca ; tout cela est situé bien loin de notre Algérie. Le nombre si considérable des évêques ne fait pas preuve, car les évêchés d'alors ressemblaient assez à nos cures actuelles, et l'on en trouve des dixaines sur quelques lieues carrées, comme on peut s'amuser à le vérifier par la liste des évêchés de l'église d'Afrique qui accompagne l'histoire du schisme des Donatistes ; le nombre de noms divers des populations de ces anciennes époques nous est représenté par les centaines, si nombreuses, des tribus actuelles. Mannert et Marcus son annotateur, sont, sans conteste, des hommes d'une haute instruction ; mais ils ne sont pas des autorités antiques, pouvant faire foi pour des faits de l'antiquité. Comme nous, ils sont des commentateurs; comme nous, ils peuvent commettre bien des erreurs, et comme nous tous, aussi, ils en ont commis leur part. Ainsi, pour exemple, Mannert veut voir *Saldœ* dans Delys, non dans Bougie ; *Iol-Césarée* dans Tennès, non dans Cherchell ; et Marcus, dont nous pourrions de suite signaler plusieurs erreurs matérielles, démontre, par ses discussions contre Mannert sur des points historiques très importants, qu'il est impossible de prouver *incontestablement* dans tant de cas où les matériaux fournis par les auteurs anciens sont insuffisants. Enfin Pline, en nous disant de la Numidie : *Nec prœter Marmoris Numidici ferarumque proventum aliud insigne*, ne serait pas très favorable à la question ;

Quand même on établirait *incontestablement* qu'aux temps de Rome l'Algérie ne fournissait pas de produits, il serait hors de toute logique d'en conclure immédiatement que cette terre est stérile ; il faudrait auparavant savoir si elle était ou non exploitée, car la terre le plus fertile ne produit rien si personne ne la cultive.

Pour semblable question de valeur intrinsèque, la vue est bien préférable à tout écrit antique. Or, c'est elle qui nous a constamment montré, à nous personnellement, depuis le 14 juin 1830 jusqu'au 15 mai 1841, que LA TERRE NOURRIRAIT BIEN SON TRA-

VAILLEUR. Cette vue vaut même mieux que ce traité Bakri que nul n'ignore, car ce traité, décomposé en hectolitres et en rapports de surfaces, ne présente rien de saillant.

Du premier instant de l'entrée des Français en Algérie, date la naissance de deux partis ; l'un a dit : « Cette terre est miraculeuse ; grattez-la seu- « lement du bout du pied, il en surgira spontané- « ment de riches moissons ; prenez un peu plus de « peine et semez avec soin des aiguilles, vous ré- « colterez des lingots d'or. » — L'autre parti, pre- nant le contre-pied, a dit : « Travaillez, labourez, « semez de bon froment, et vous récolterez des char- « dons. » — Si quelqu'un, ne s'inquiétant même pas de ces exagérations opposées, écrivant *sine irâ aut studio*, cherche à ne dire que des vérités toutes simples, immédiatement par cela même il consti- tue une anomalie dont on ne peut accepter l'exi- stence ; chaque parti le croit du parti contraire, et, sans l'écouter, le condamne pour ce qu'on se per- suade qu'il doit avoir dit.

Nous n'acceptons donc en rien ni pour rien, rela- tivement à nous, les preuves que M. Guyon a réu- nies pour montrer que l'Algérie n'est point stérile, car depuis treize années nous savons par nous- même que cette stérilité n'existe pas ; car nous n'avons jamais dit ou écrit que cette stérilité fût ; car nous avons toujours raisonné et proposé comme si cette stérilité n'était même pas à supposer. — Mais quoique survenues intempestivement, ces preuves seront un bien pour l'Algérie ; elles serviront contre ceux qui veulent absolument que ces terres ne soient bonnes à rien. Pourtant nous retranchons quelque chose de la portée qu'on leur donne. M. Guyon, en citant les noms de plusieurs villes antiques, semble partager cette persuasion assez répandue, qu'au temps des Romains l'Afrique (en général) fut merveilleuse de richesses, de produits, de monuments. Sauf pour quelques entrepôts de grand commerce comme Carthage, Utique et peu d'autres, nous pensons le contraire. Il nous semble qu'on regarde les choses romaines tout à la fois au travers et d'un verre grossissant, et d'un kaléidoscope. Notre foi, à nous, dans la majeure partie des faits attribués à l'antiquité, est plus que minime. L'Afrique procurait de grandes richesses à ces patriciens romains, avides et volant partout; mais à l'intérieur, elle était misérable, pressurée par les Latins, ravagée par les Africains. Calama, que nous avons examinée pendant si longtemps, n'a jamais valu Yvetot. Nous coordonnerons ces pensées dans un autre travail que nous poursuivons. — Que la France réussisse enfin en Algérie, résultat qu'elle obtiendra rapidement dès qu'elle voudra s'y bien prendre; qu'elle s'avance ensuite en s'appuyant sur ses arts, sur ses sciences, sur son intelligence, sur sa MORALE RELIGIEUSE; alors, nous en sommes convaincu, elle fera de ces contrées un ensemble bien autrement brillant, bien autrement heureux que ne le fut jadis ce triste chaos de donjons romains, qui, peuplés de quelques maîtres éhontés, d'esclaves nombreux et avilis, de soldats mercenaires de toutes les nations, se sentaient incessamment enveloppés d'ennemis irréconciliables toujours à l'affût de la vengeance. Il est urgent d'étudier intelligemment les opérations de Rome ; il est nécessaire de faire que la grande expérience accomplie par Rome nous serve ; mais il est indispensable d'obtenir mieux et bien mieux que n'a obtenu Rome, car les créations de Rome en Afrique n'ont été ni heureuses, ni civilisatrices, ni dignes, ni stables. Voilà ce dont personnellement l'étude nous convainc chaque jour de plus en plus.

Continuons.— M. le docteur Guyon pose ensuite (p. 15, lig. 5) *que nous nous attaquons aux pierres.*— Mais ces pauvres pierres, nous pensions au contraire avoir pris leur défense. M. le général Bugeaud avait dit « qu'il fut une époque où l'on disait, où l'on écri- « vait que l'Afrique ne possédait point de pierres. » Ayant toujours pour but de faire ressortir qu'au temps jadis l'honorable général acceptait trop facilement tout ce qui était défavorable à l'Algérie, nous représentions en quatre mots qu'il n'aurait jamais dû admettre que les pierres pussent manquer dans un pays de montagnes ; qu'il n'aurait dû l'admettre, tout au plus, que pour quelques grandes plaines d'alluvion, telles que celles de la Métidja ou de Bone ; puis nous nous arrêtions là, car notre but, à nous, était atteint. Là-dessus, M. le docteur Guyon suppose que nous nions l'existence des pierres en Algérie, et, pour nous convaincre de notre erreur, il nous détaille tous les genres de pierres que l'on trouve dans ces contrées. — Mais en cela il ne fait autre chose que dire en trois pages, intéressantes du reste,

ce que nous avions dit en six mots : « Comment ad-
« mettre l'absence de pierres dans un pays de mon-
« tagnes ? — M. le docteur Guyon, ensuite, fait le
dénombrement des rois et des césars qui ont élevé
de belles villes sans pierres, pour nous prouver qu'on
peut bâtir sans pierres.—Soit ;— mais nous n'en acceptons rien pour nous, car nous savions tout cela ;
et, précisément par cela même que nous le savions,
nous n'avions pas écrit le moindre mot sur ce qui
aurait trait à des bâtiments quelconques à édifier.—
Mais puisque M. le docteur Guyon fait surgir une
question dont nous n'avions ni parlé ni voulu parler,
nous lui rappellerons ce qu'il sait aussi bien que
nous : que les villes en bois brûlent souvent ; que les
villes en pisé croulent souvent ; que les villes en bri-
ques peuvent coûter excessivement cher faute de combustible ; que les ressources du plateau de Sétif ne
sont pas le type des ressources des plaines de la
Métidja ou de Dréann.

Infertilité des terres, absence des moyens de
bâtir, rappellent donc un peu ces châteaux fantasma-
goriques de l'Arioste, que l'imagination du poète
s'est amusée à édifier de toutes pièces pour avoir ensuite le plaisir de les démolir.

Passons aux deux observations que nous avions
faites pour montrer qu'il était à craindre que M. le
général Bugeaud, depuis le revirement de ses pensées en faveur de l'Algérie, ne se laissât maintenant
entraîner trop loin dans ses conclusions à l'avantage
de cette contrée.

M. le général Bugeaud, dans son mémoire, avait

annoncé que toutes les forêts de l'Algérie présentaient ensemble une étendue de 70 mille hectares, et il en tirait des conclusions BRILLANTES. — Acceptant ce chiffre de 70 mille hectares, nous avions examiné ce qu'il représentait. — Là-dessus nouveau blâme de M. le docteur Guyon ; il nous reproche (page 15, ligne 4) d'affirmer qu'*il n'y a pas ou presque pas* d'arbres en Algérie. — Mais, de deux choses l'une : M. Guyon accepte, ou n'accepte pas, le chiffre de 70 mille hectares donné par le gouverneur. — S'il l'accepte, il aura beau se débattre, il ne fera jamais que ce chiffre puisse représenter plus que l'équivalent d'un carré ayant six lieues et demie de côté, plus que nos forêts de Fontainebleau ; le tout dispersé sur une Algérie presque égale en surface à la moitié de la France. — En France, il existe 8,626,294 hectares de bois ; et l'on s'y plaint journellement du déboisement ; pourtant on y joint en quantité considérable les houilles françaises et étrangères — Combien la moitié d'un tel chiffre serait au dessus des 70 mille hectares de l'Algérie ! Se hâter de trop conclure de ce dernier rapprochement serait pourtant une cause d'erreur, car la France présente 34 millions d'habitants ; mais d'autre part aussi la France est dans l'abondance de ces voies et moyens de transports dont l'Algérie est privée en entier. — Si M. Guyon n'accepte pas le chiffre du gouverneur, au gouverneur alors il faut qu'il s'en prenne, et non à nous. Il faut qu'il lui crie : « Pour-« quoi n'avez-vous énoncé que 70 mille ? c'était des « millions qu'il fallait dire. » Le débat dès lors n'est plus à notre charge.

2

M. le docteur Guyon veut nous trouver en contradiction avec nous-même, par conséquent avec
ce chiffre officiel que nous avions accepté, parce que,
dans nos NOTES SUR LE SUD DE GUELMA, nous sommes
parvenu à trouver, sur seize cents lieues carrées,
quarante-trois localités ayant DU bois. Mais nous
avons dit DU, et non DES. Réunissant ces notes pour
l'utilité des colonnes expéditionnaires, nous avions
indiqué tous les points où l'on pourrait trouver de
quoi faire la soupe. Ces localités malheureusement
sont petites en surface ; le bois qu'elles présentent
constitue des taillis peu élevés, assez semblables aux
makis de la Corse. Plusieurs même n'offrent que des
broussailles ; une seule a de beaux arbres en grande
quantité : c'est cette position si extraordinaire du
mont Aurès. — Il n'y a là contradiction ni avec
nous-même, ni avec le chiffre officiel.

M. le docteur Guyon veut aussi trouver Salluste
en contradiction avec lui-même au sujet du mot
arbori infecundus que nous avions cité. Il se fonde
sur ce que Salluste fait mention d'un petit bois lors
du premier combat de Metellus. Dans ce cas,
M. Guyon traduirait *infecundus* littéralement par
qui ne peut absolument point produire. Nous pensons,
nous, qu'un auteur dont le style est poétique ne peut
pas être traduit purement par le dictionnaire ; qu'il
faut tenir compte du savoir et de l'intelligence de
cet auteur. Par *infecundus*, Salluste a voulu dire :
*Terre qui n'a pas beaucoup d'arbres, parce qu'elle ne
possède pas cette faculté spontanée de les produire qui
est inhérente à d'autres contrées.* Mais il ne peut avoir

voulu dire qu'elle ne féconderait pas, qu'elle ne nourrirait pas les arbres qu'on lui confierait et qu'on soignerait. — C'est ainsi que nous le comprenons, c'est dans ce sens que nous acceptons sa sentence.

M. le docteur Guyon nous fournit les noms d'un grand nombre d'arbres, d'espèces différentes, qui réussissent très bien en Algérie. Au point de vue science et progrès forestiers futurs, c'est l'indication d'un bien ; mais pour les besoins de l'actualité, le fait est moindre. — Le Jardin des Plantes de Paris est hors de prix par la diversité des arbres qu'il réunit ; mais pour un besoin pressant en bois, soit de construction, soit de corde, tous ces arbres communs qui bordent les boulevards seraient d'une bien plus grande ressource, car ils ont pour eux le nombre.

Les personnes dont il existe des écrits relatifs aux arbres de l'Algérie présentent en majeure partie deux classes spéciales. L'une se compose de botanistes qui ont admiré et énuméré les diverses espèces et les beaux échantillons. — Ce sont de bons renseignements pour l'Institut. — L'autre se compose de personnes liées, plus ou moins directement, aux spéculations individuelles de l'industrie ; elles se sont animées à la vue de quelques forêts dont l'exploitation ferait la fortune d'une petite société de modestes capitalistes, après toutefois que l'État aurait préalablement créé à ses frais toutes les routes et toutes les communications nécessaires. — Ce sont de bons renseignements pour les spéculateurs. — Il a manqué l'examen le plus important : celui résultant de l'étude de ces mêmes bois par un forestier vieux, expérimenté, habile, connaissant bien toutes les forêts de la France et ayant eu depuis longtemps à manier L'ENSEMBLE de toutes les ressources forestières de ce royaume. Alors on possèderait un rapport complet répondant d'avance aux questions diverses qui peuvent être faites en divers sens. — Jusqu'ici chacun n'a vu la question que par le côté qui l'intéressait le plus particulièrement. — Ainsi nous, qui nous sommes trouvé constamment sous l'influence du besoin incessant de faire cuire le pain et la soupe des troupes qui nous étaient confiées, et quelquefois ceux des habitants civils, nous ne pouvons négliger les faits suivants : dans les villes du littoral, le combustible arrivait généralement d'Europe ; à Constantine, à Sétif, on n'a que du charbon cher et arrivant de loin ; dans notre première expédition contre Constantine , nous fûmes dix jours sans rien faire cuire, n'ayant pour allumer un peu de feu que des bouses de vache séchées, trouvées éparses çà et là ; dans la seconde expédition, chaque soldat dut, pour la marche, la durée du siège et le retour, emporter sur son dos du bois pris à Mjaiz-Hamar ; autour de tous les cantonnements, malgré l'économie la plus grande et la police la plus sévère, le bois ou s'est éloigné excessivement , ou a entièrement disparu ; ainsi Naichmaya, établi en 1837 au milieu de ce qu'on nommait le bois, devait déjà, il y a trois ans, envoyer couper le bois pour la soupe à une demi-lieue ; nombre d'acheteurs de terres des environs d'Alger abattirent et vendirent pour chauffage leurs arbres fruitiers, tant le prix de la vente les tentait.

M. le docteur Guyon nous a reproché textuellement d'avoir affirmé *qu'il n'y a pas ou presque pas d'arbres en Algérie;* nous venons de répondre par les 70 mille hectares officiels du gouverneur. — Nous en avions même ensuite, *proprio motu*, concédé dix fois plus. — Ce reproche est donc idéal.

M. le docteur Guyon nous reproche-t-il, en outre, d'avoir déclaré le sol algérien inhabile à nourrir des arbres? nous ne savons le deviner au juste. — Le mot de Salluste, *arbori infecundus*, ne peut avoir cette signification pour Salluste; il ne saurait non plus l'avoir pour nous, qui, en décembre 1836, douze heures après notre arrivée à Guelma, voulant profiter du reste de la saison, ordonnions de mettre immédiatement la main à des plantations d'arbres qui ont réussi. — Ce reproche encore serait idéal.

M. Guyon nous reproche-t-il d'avoir présenté la rareté du bois comme un obstacle ABSOLU à la colonisation? dans tout ce que nous avons écrit, rien ne peut l'y autoriser. — Cette rareté du bois, rendue plus sensible par la dispersion des arbres actuels sur une surface vaste, longue, déchirée, dépourvue de moyens de communications, est sans contredit une grande gêne, une grande difficulté à vaincre; mais elle ne constitue point un obstacle invincible. Si dans notre pensée cet obstacle eût été invincible, nous n'eussions pas mis tant de ténacité depuis douze ans à demander la colonisation par la culture. Mais il y a nécessité d'établir au sujet des bois soit existants, soit à créer, des dispositions sages, prévoyantes, dont l'exécution constante sera maintenue par une force coërcitive.

M. le docteur Guyon pose en fait que le midi de la France n'est pas mieux partagé en bois que l'Algérie. En admettant ce fait, tout contestable qu'il est, il faut remarquer soigneusement l'inverse de deux questions. Le midi de la France aux temps jadis posséda de plus nombreuses forêts qu'actuellement. Au fur et à mesure que les colonisations marchèrent, que les populations s'accrurent, ces forêts diminuèrent ; mais les moyens de communications et de transports naissaient, se multipliaient progressivement ; distribuant partout les arbres des Alpes, des Pyrénées, des parties montueuses restées boisées, ils compensaient ces diminutions. En Algérie, tout à l'inverse ; on commencera dans la pénurie du bois ; la création de ressources forestières devra marcher de front avec l'accroissement numérique des colons, et tendre même à le dépasser en vitesse. — Telle est la réalité des choses ; elle est dure ; malgré elle on peut réussir sous l'appui de mesures de prévision prises et poursuivies dès aujourd'hui. — Si l'on veut, au contraire, se bercer d'illusions, si l'on veut se persuader que *peu* est *beaucoup*, qu'une quantité *disséminée* égale, sous tous les points de vue, une quantité *agglomérée*, on se prépare de rudes contretemps.

Passons à un autre grief. M. le général Bugeaud avait dit : « Qu'à une époque on écrivait que l'Algé-« rie ne possédait pas d'eau , mais que le temps « avait fait justice de cette exagération. » — Nous faisions observer qu'il y avait eu, en effet, exagération, mais qu'il fallait se garder de l'exagération contraire. — Là-dessus, M. le docteur Guyon nous

crie : « Mais, en vérité, où voulez-vous en venir ? »
— Mon Dieu, tout bonnement à la destruction des
exagérations pour prévenir les fautes. — Lors de la
création de Dréann, plusieurs personnes sensées di-
rent : « Le point de Dréann n'est pas obligé ,
« vous pouvez choisir autre part; ici l'eau vous
« manquera. » On ne les écouta pas. — Malgré de
nombreux travaux pour réunir des sources, malgré
un puits artésien, M. Guyon, mieux qu'un autre, sait
combien la pénurie d'eau est gênante à Dréann.

Bélisaire a trouvé de l'eau, comme en juin 1830
l'armée en trouva sur la plage basse de Sidi-Ferudj
en creusant le sable de quelques pouces, comme
on s'en procure à Saint-Louis du Sénégal; c'est un
fait de physique très simple. — Il y a dix-sept ans,
pour notre part, que nous avons transcrit le passage
de Shaw sur les puits artésiens du Ouedrig. — De
plus, nous sommes persuadé que les puits artésiens
seront un moyen de jalonner des routes d'étape
dans le Sahara. — Mais tout cela ne saurait empê-
cher que nos troupes en marche n'aient très souvent
manqué d'eau; qu'il ne se trouve une grande quantité de vastes espaces, ou privés d'eau, ou n'en pré-
sentant que de salée; que les rivières ne soient généralement courtes et torrentielles, ce qui les assè-
che en été; qu'elles ne soient toutes très encaissées ,
souvent même renfermées entre des couches redres-
sées verticalement, ce qui augmente de beaucoup
la difficulté de l'irrigation; que l'évaporation, dont
en France les ingénieurs sont forcés de tenir un si
fort compte pour les canaux de navigation, ne cause
des pertes encore plus regrettables en Algérie; que

la quantité annuelle d'eau de pluie ne prenant sur l'année qu'un espace de temps assez court pour tomber, cette brièveté ne facilite encore l'évaporation. Non. Dans l'état actuel, l'eau n'est pas ce qu'il serait nécessaire qu'elle fût pour toute l'Algérie. — Mais en avions-nous déduit que ce serait la cause d'un obstacle insurmontable pour la colonisation? — Non. — Nous en avions conclu : GARDEZ-VOUS DES EXAGÉRATIONS.

Cette disposition naturelle des eaux contraint à apporter plus de soin dans le choix des points à coloniser. Au fur et à mesure qu'avec des dixaines d'années et de bonnes directions on aura créé de belles forêts sur tous les sommets, la quantité d'eau augmentera ; au fur et à mesure qu'on aura barré les rivières et emmagasiné les eaux, comme nous l'avons proposé autre part, au lieu de les laisser aller précipitamment se perdre dans la mer, la quantité d'eau versée sur les terres augmentera ; au fur et à mesure que les puits artésiens auront été créés, ils apporteront quelques légères augmentations ; ainsi au fur et à mesure la faculté d'étendre les cultures et la colonisation s'accroîtra. — Mais dans nos comptes actuels gardons-nous soigneusement d'intervertir les époques. A nous toutes les difficultés ; à nos arrière-neveux, héritiers des travaux de leurs ancêtres, les facilités et les grands avantages. Diminuez donc autant que possible les difficultés actuelles, en diminuant les causes d'erreurs. Or, vous diminuerez celles-ci en forçant à réfléchir sur les dangers du terrain, au lieu de porter les esprits trop paresseux ou trop aventureux à s'endormir indifféremment sur le premier point venu.

Quant au climat, nous sommes, pensons-nous, d'accord avec M. le docteur Guyon. Les divergences sont plutôt apparentes que réelles ; il ne regarde pas le climat comme malsain *suo genere* ; cet avis est aussi le nôtre (1) ; comme nous il reconnaît en Algérie des portions saines, des malsaines, et des portions malsaines qu'il ne faut nullement penser assainir. Le seul point sur lequel nous différons a trait à l'action terrible du soleil ; il pense que sur le plateau général (*expression à nous*), les choses sont comme dans le midi de la France. Nous ne saurions y acquiescer complètement. Nous avons passé dix années de notre vie à Toulon, cinq en Corse, trois aux Antilles, onze en Afrique dont les trois quarts en plein champ. Nous avons résisté à tous ces climats. A Toulon et en Corse, nous avons passé de longues et nombreuses journées d'été en plein soleil, de son lever à son coucher ; à Médéah, sur ce plateau de onze à douze cents mètres au dessus du niveau de la mer, nous en avons fait autant pendant tout un été ; à Médéah le soleil nous a paru plus dur, plus morbifère qu'à Toulon et qu'en Corse ; des hommes violant les consignes l'ont bravé et ont succombé. Nous pensons que, même pour ce plateau, nos hommes de France ne sont pas tous indistinctement aptes à surmonter

(1) La présence des neiges sur le plateau, citée par M. Guyon, ne suffirait pas pour démontrer la salubrité de ces localités. Sur les confins sud du Fezzan, a Téjeri et à Gatrone par exemple, points peu élevés au dessus de la mer, les nuits sont très froides ; il gèle ; le thermomètre descend jusqu'à 2° 1|2 Réaumur au dessous de zéro ; peu après, la journée est excessivement chaude. Ces changements subits causent de graves maladies et de grandes pertes aux caravanes, tant en voyageurs qu'en jeunes esclaves amenés du Soudan.

ce climat. Il y faut des hommes de certains tempéraments. Les bilieux nerveux ont, pensons-nous, des chances nombreuses en leur faveur ; mais c'est aux gens de l'art, et à M. le docteur Guyon en particulier, à nous instruire sur ces conditions.

Sans nul doute, la pénurie actuelle de l'Algérie en bâtiments et autres travaux d'art contribue puissamment aux maladies des troupes. Mais que tout ce dont est capable le travail des hommes soit supposé accompli ; le *durus arator* moissonnant et fauchant en plein soleil, le soldat européen marchant sous ce même soleil et bivouaquant en plein air bien des fois à côté de positions naturellement insalubres, seraient néanmoins plus rudement frappés par les maladies que dans le midi de la France, à conditions égales du reste. Xantippe fit entrer dans les combinaisons de la bataille qu'il gagna les maladies qui affaiblissaient l'armée romaine. Pourtant Régulus, débarqué près du cap Bon actuel, était au milieu d'une contrée enrichie par les longs travaux des Carthaginois ; il avait pris plus de deux cents villes (chiffre auquel nous n'avons pas foi) ; campé devant Carthage, il était, en ressources locales, aussi riche que le serait de nos jours une armée ennemie devant Paris.

Mais dans l'actualité, tous ces travaux protecteurs n'existent pas ; ils ne surgiront que peu à peu, à mesure que la VÉRITABLE colonisation prendra de la force. Le colon actuel doit accepter, au point de vue du climat, la question dans toute sa dureté ; mais il faut qu'on lui dise qu'il peut la vaincre.

Il faut se garder d'intervertir entre elles les époques

actuelles et futures ; parce que trop de personnes ont depuis longtemps commis cette erreur, on s'est peu entendu. Il faut actuellement, au point de vue matériel, ne viser qu'à faire pousser en sécurité suffisante du pain et de la viande, dans le but d'activer une pousse de bras fruits des immigrations et des naissances. Cela est possible ; cela donnera une existence assurée et honorable à des milliers de familles s'étiolant dans la misère ; cela constituera un puissant moyen de diminuer le paupérisme qui nous énerve, en attendant qu'il nous déchire. Tel est le tableau réduit qu'il faut se faire actuellement. — Dans les époques futures, nos neveux, mieux partagés, profiteront du grand nombre de leurs bras et de leurs moyens d'existence, qu'ils tiendront en totalité de notre patience, de notre résignation, de notre prévoyance actuelles; il prendront tout à coup un grand essor ; ils réaliseront alors ces belles choses qu'on nous vante dès à présent, mais qui, à présent irréalisables, offrent par cela même des arguments, non de bons appuis, aux ennemis de la colonisation en Afrique. Quand ces grands résultats se produiront, nous tous, depuis longtemps, nous dormirons dans la tombe ; mais qu'importe que la durée de l'homme ne compte qu'une seconde ? la durée de la nation embrasse tout l'avenir. Quant à ces projets de fortunes grandes et rapides que rêvent tant de personnes par l'Algérie, ce sont les cryptogames parasites dont il faut défendre la plante vigoureuse qu'ils menacent d'étouffer.

M. le docteur Guyon, dans le dernier paragraphe de son EXAMEN, s'exprime ainsi : « Si je n'adopte au-

« cune des opinions du général Duvivier dans ce
« qu'il dit de l'Algérie considérée en elle-même,
« c'est à dire de son sol, de ses eaux, de ses pro-
« ductions, de son climat, je suis pour le reste pres-
« que toujours de son avis. Nous nous fussions abs-
tenu de toute discussion, si, en effet, ces dissidences
entre M. le docteur Guyon et nous eussent été réelles.
Erreur a été commise dans l'interprétation de nos
paroles; nous avons été contraint à répondre; notre silence eût passé pour une approbation tacite de
cette manière de comprendre notre texte. Ici finit
la tâche qui nous était imposée; au delà nous tom-
berions dans de la polémique. Toutefois nous profi-
terons de l'occasion qui nous est offerte pour donner
quelques éclaircissements qui nous ont paru nécessaires.

M. le docteur Guyon, page 21, attribue à notre
mauvaise humeur contre l'honorable gouverneur les
assertions défavorables à l'Algérie qu'il croyait voir
dans nos écrits; c'est une erreur que de sa part nous
regrettons. Nous regrettons que notre caractère indivi-
duel ne soit pas mieux connu de lui.—Qu'on nous soit
ami ou ennemi, nous ne dirons jamais rien que ce que
nous croirons être la vérité.—Prévoyant cette pensée
chez les personnes auxquelles nous sommes étranger,
nous avions d'avance protesté contre. Ce n'est pas
davantage un mobile semblable qui nous fait *souvent trouver le gouverneur en contradiction avec lui-
même* dans son mémoire (page 9). Nous savons bien
qu'un gouverneur n'a pas le temps de faire une
longue brochure; qu'il s'aide de mains étrangères.
Nous avons très bien reconnu M. le général Bugeaud

parlant guerre et culture; nous avons très bien aperçu d'autres mains dans les louanges données au fisc, et dans les prêches de cette économie politique de la vieille, funeste, antilogique et anti-chrétienne école de J.-B. Say. — Mais le mémoire est unité pour le public.

M. le docteur Guyon (page 30) pense *que nous aussi nous nous sommes mépris sur les faits passés sous nos yeux ; que nous nous sommes fait illusion sur nos calculs et nos espérances.* Il le pense parce que nous citons ce fait matériel, qu'avec 1840 avaient fini tous les VIEUX fantassins réguliers de l'émir. Mais l'illusion ne pourrait se déduire que des conclusions que nous en aurions tirées. Or, nous n'en avions tiré qu'une seule, c'est qu'avant l'arrivée de M. le général Bugeaud on s'était battu aussi vigoureusement qu'on l'avait fait depuis son arrivée. — Nous n'en tirons nullement la conclusion, comme paraîtrait le supposer M. Guyon, que cela allait terminer la guerre et amener la soumission, car à quelques lignes de là nous disions que : « guerroyer avait été la faute *irrémissible* de tous les gouverneurs. »

M. le docteur Guyon (pages 37 et 39) pense que nous *organisons* trop. — Cela peut être. — Peut-être aussi chez M. Guyon et chez nous y a-t-il quelquefois confusion dans l'emploi des mots *organiser* et *réglementer*. Depuis 1830 les règlements ont abondé ; a-t-on réellement organisé ? — Pensant que nous sommes trop organisateur, M. Guyon nous oppose, comme contradiction, notre phrase sur la bonne fortune des premiers colons des Antilles, qui n'eurent de gouverneurs et d'organisateurs que très

tard. — Il faut ici un développement. La liaison de nos idées est établie par cette phrase de notre SOLUTION, page 91 : « Nos colons des Antilles se don-
« nèrent par eux-mêmes des chefs militaires qui fu-
« rent investis de ce pouvoir EXTRAORDINAIRE qui
« d'habitude est l'apanage des chefs de corsaires ; »
elle l'est aussi par ce mot de la page 90 : « Les co-
« lons ne doivent faire qu'une unité marchant
« vers un seul but ». —Quant à la clef de tout ceci, elle se montre d'elle-même. Le quinzième et le dix-neuvième siècle ne se ressemblent point. Au quinzième siècle, on savait se réunir en faisceau pour un but commun ; on savait mettre ses intérêts en commun ; on savait se donner un chef unique et lui obéir ; à quoi bon dès lors l'envoi d'un chef hétérogène de la part du gouvernement ? — Mais, actuellement, nous soumettre volontairement à quelqu'un ! effacer notre individualité et nos tendances répulsives ! sacrifier notre égoïsme au bien de la communauté ! renoncer à regarder notre voisin comme une proie que nous dépouillerons tout doucettement ! — Fi donc ! nous avons trop d'esprit pour cela ; la LIBRE CONCURRENCE, voilà ce qu'il nous faut. — LA LIBRE CONCURRENCE ! ce funeste principe d'une école plus funeste encore, dont, il y a vingt ans, nous avions signalé les funèbres tendances dans notre ESSAI SUR LA DÉFENSE DES ÉTATS. — Or, comme la colonisation ne peut s'établir si les efforts sont diffus et non concentrés, divergents et non convergents, il faut absolument qu'une force coërcitive extérieure aux colons les condense ; de là résulte pour le dix-neuvième siècle ce besoin impérieux de voir le gouvernement imposer

et maintenir une organisation qu'au quinzième siècle on avait su se donner par soi-même.

M. le docteur Guyon, page 39, pense que nous
sommes injuste envers les gouverneurs, que nous
leur refusons toutes récompenses. — Tel n'est pas
notre but. Notre but est de voir supprimer la dignité
de maréchal. Ici nous sommes heureux de posséder
des matériaux irrécusables qui témoignent que cette
opinion chez nous n'a été suscitée par aucun mouvement de mauvaise humeur. Que M. Guyon veuille
bien lire ce qu'en 1826 nous écrivions sur certains
grades dans notre ESSAI SUR LA DÉFENSE DES ÉTATS
(pages 261, 262). Plus encore qu'à cette époque éloi-
gnée, nous défendrions notre ancien avis ; nos preuves
en sa faveur seraient maintenant plus nombreuses et
plus pressantes. — En rappelant à ce sujet le triomphe que Rome accordait à ses consuls vainqueurs,
M. Guyon nous appuie. De nos jours un général se
trouverait bien mystifié s'il se voyait charrié publi-
quement, en spectacle, dans les rues de Paris, comme
feu nos DÉESSES DE LA LIBERTÉ ou comme le BOEUF
GRAS du carnaval. Que l'on se représente en pensée
M. le général Bugeaud, avec son impétuosité et son
besoin incessant de mouvement, contraint, par la
proposition de M. Guyon, à remplir un tel rôle pendant cinq à six heures ; admettant certaine ressem-
blance avec le triomphe romain, pendant lequel les
soldats avaient le droit de siffler leur général triomphant, que l'on devine comment il accueillerait les
brocards que ne manqueraient pas de lui débiter
tous les vétérans de l'émeute auxquels il a si énergi-
quement appris qu'il faut enfin en finir et qu'on ne

changera plus de gouvernement comme on change de chemise. Pour éviter semblable mystification, on préfèrerait perdre toutes les batailles. — Mais quelque prix que l'on veuille supposer à cette mascarade antique, elle ne coûtait pas cher à la république, et surtout elle ne la liait en rien. Marius, ce vainqueur de l'Afrique et des Cimbres, au moment où il descendait de ce char sur lequel il venait de jouer le rôle de statue, entra dans le sénat en conservant par mégarde sa robe triomphale. Les murmures des sénateurs le forcèrent immédiatement à sortir, à aller changer de vêtements. On semblait lui dire: «La comédie est «bonne pour les rues, mais ici il faut être sérieux. » Ceci peut servir de première mesure appréciative de cet honneur, mais il en est une seconde. Dans la GUERRE SOCIALE, peu de temps après, nous retrouvons ce même Marius, simple lieutenant, commandant une division de l'armée sous les ordres du consul P. Rutilius Lupus. — La république romaine restait toujours la chose unique ; elle payait en *monnaie de singe*, elle avait garde de s'enchaîner par ses propres mains. Elle prétendait, avant tout, se maintenir toujours libre de confier ses armées à qui lui conviendrait. — Mais un maréchal chez nous ! il ne peut plus obéir qu'à un maréchal plus ancien que lui. Rome ne faisait pas une collection inamovible de ses consuls ; nos nations modernes ont-elles raison de faire une collection inamovible de leurs généraux , elles qui ne font pas collection de leurs ministres souvent si nombreux ? — Hoche fut investi tout à coup du pouvoir de général en chef pour un bon mémoire remis à Carnot; avec nos entraves ac-

tuelles, on lui eût répondu : « Montez péniblement de
« grade en grade jusqu'au suprême, alors on pourra
« vous lire et vous croire. » — Et la patrie resterait
privée du génie de Hoche.—Trop heureuse si ce mémoire tombait dans les mains d'un général en chef
intelligent qui voulût bien l'utiliser à son propre bénéfice. —Ou bien, déclarant *a priori* tel jeune homme
UN GÉNIE , on le pousserait rapidement, contre vent et
marée, aux plus hauts grades. Qu'on s'aperçoive alors
tout à coup qu'on avait mal préjugé, il n'y a plus de
remède possible. Il faut à toute force le laisser tenir
une des places de cette collection limitée. Avec de tels
modes d'organisation, au bout de plusieurs années
d'une guerre active, c'est le boulet qui, par sa bien-
veillance seule, remplit le cadre des généraux; le mé-
rite, alors, est de lui avoir échappé tout en le bra-
vant. — Et, qu'on le remarque, la dignité de maréchal,
conservée au point de vue RÉCOMPENSE , ne fait que
reculer la difficulté. Que donner au maréchal qui
viendra d'accomplir de grandes choses? L'histoire de
l'Empire et celle de 1815, analysées soigneusement et
philosophiquement , fourniraient de bien grandes
leçons résultant de cette impossibilité dans laquelle
fut l'Empereur de récompenser ses maréchaux par
de nouveaux grades. Mais *hic non est locus*. Les rai-
sonnements précédents redescendraient évidemment
assez loin en dessous du maréchalat. Un jour nous
publierons notre organisation d'une armée; ou elle
sera, ou elle fera naître une idée complète, juste,
praticable. Il faut donner enfin aux nations et aux
gouvernements les moyens de se débarrasser de ces
vieilles coutumes qui ne sont plus en harmonie avec

nos mœurs et qui nuisent simultanément à la généralité des individualités inscrites dans les armées. — Rome, Sparte, Athènes, lors de leurs louables mais courtes époques, organisèrent tout pour la patrie en général, rien pour les individualités en elles-mêmes. Nos nations modernes organisent tout pour quelques individualités, rien pour la patrie. La transition d'un système à l'autre fut l'organisation totale en vue unique d'une seule individualité qu'on nomma LE MONARQUE. Rome, Sparte, Athènes, furent ingrates envers ceux qui les avaient bien servies ; nos nations modernes sont imprévoyantes, irrationnelles dans leurs faveurs envers ceux qui leur ont été utiles. Il ne serait pas difficile, dans l'état actuel de nos relations intérieures, de trouver un mode de récompense qui satisfît mieux aux besoins de la patrie et aux intérêts de tous ceux qui lui ont rendu service. La récompense accordée ne doit pas constituer uniquement un fait de loterie.

Quant à étendre aux officiers autres que le gouverneur les conséquences tirées de notre phrase transcrite, ainsi que le fait M. Guyon, il y a impossibilité, car il y aurait radiation de la partie caractéristique de cette phrase. Jamais UN SOUS-ORDRE, quel que soit son grade, n'est *placé dans des circonstances permettant d'acquérir une glorieuse mémoire dans les siècles.* Cette possibilité est l'apanage du chef seul. Tout le monde nomme Godefroi de Bouillon, ce libérateur de Jérusalem ; les érudits seulement savent les noms de quelques-uns des grands capitaines qui le secondèrent. — Dans cent

ans le nom de Napoléon sera comme aujourd'hui dans
toutes les chaumières ; mais il faudra de l'érudition
pour savoir les noms de ses brillants compagnons d'ar-
mes que l'on commence à oublier déjà. C'est toujours
et toujours Tibère triomphant pour ses généraux.

Nous avons pensé que la colonisation de l'Algérie
pouvait diminuer de beaucoup notre paupérisme,
que ces deux grandes opérations pouvaient se soutenir l'une par l'autre. M. Guyon applaudit à cette
proposition ; nous en sommes heureux, et nous l'en
remercions vivement. Il ne sera peut-être pas inutile
de lui raconter ici ce qu'on nous répondu : « Le
« paupérisme ! mais c'est une vision ; apprend-on
« jamais que quelqu'un soit mort de faim (1) ? Tout
« le monde dîne, en France. Si certains sont malheu-
« reux, c'est leur faute ; ce sont des gens âgés qui,
« au temps de leur jeunesse, n'ont pas voulu éco-
« nomiser douze mille livres de rente sur leurs jour·
« nées de trente-cinq sous ; intempérants qu'ils
« étaient, ils n'ont pas su résister aux tentations du
« luxe, du sybaritisme, de l'irréligion qui les enve-
« loppaient de toute part ; ils n'ont pu se contenter
« sans cesse et sans cesse de pain noir et d'eau, si ex-
« cellents pour eux ; ils ont préféré dépenser tout ce
« capital au cabaret. Ils n'ont agi ainsi que parce
« qu'ils comptaient sur les secours de la charité ; la

(1) La réponse la plus positive à cette cruelle assertion se trouve
dans les pages 175 et 176 de notre SOLUTION, relatives à ce que
nous éprouvâmes à Médéah. Là nous avons vu comment des hommes,
recevant une nourriture trop minime, meurent de faim sans brus-
que transition.

« meilleure charité est de n'être pas charitable. »
C'est toujours l'ivresse de la Pologne pour des Au-
gustes sourds et aveugles. — D'autres ont dit : « En-
« voyer en Algérie des bras vigoureux fournis par
« le paupérisme! mais ce serait nous en priver en
« France. Ceux qui resteraient deviendraient plus
« aptes à exiger pour leur travail des salaires conve-
« nables. Et le capitaliste! ce pauvre capitaliste! que
« deviendrait-il ? il serait ruiné; le bénéfice absolu ne
« serait plus intégralement pour lui. Non, non, plus
« il y aura de gens sans pain, plus on pourra les faire
« travailler pour de rares miettes. » — C'est toujours
l'oligarchie. — Le planteur, dans nos Antilles, doit à
l'esclave : PAR JOUR, tant de nourriture, tant d'heures
de repos; PAR AN, tant de vêtements, tant de jours
de repos ; INCESSAMMENT, les soins et les prescriptions
du médecin ; LE TERME de ces redevances n'est prononcé que par la mort seule, mais le TERME des travaux à exiger est prononcé par l'âge. L'oligarque,
dans notre Europe, est bien plus à son aise. Chacun
pour lui n'est qu'un cheval de fiacre qu'il paye
par course. — C'est toujours la réponse du sénat
de Gênes aux demandes de secours formées par des
mutilés à son service : « SIETE STATI PAGATI PER QUES-
TO. »

Nous sommes heureux des remercîments que M. le
docteur Guyon nous accorde pour avoir considéré
la question algérienne d'un point de vue différent de
celui du militaire ABSOLU, ne voyant que la force et
la guerre. Mais, s'il connaissait les détails de notre
carrière particulière pendant treize ans ; s'il pouvait

savoir combien nous nous sommes nui SCIEMMENT en nous opposant constamment aux désirs de guerre ; en nous opposant de tous nos moyens à la diffusion des cultivateurs et à la grande propriété ; en attaquant le commerce et le fisc pour reporter tous les efforts sur la culture, ses remercîments lui paraîtraient encore plus mérités.

Ici se terminera ce que nous avions à écrire, ce que nous avons été forcé d'écrire, puisqu'il était important de prouver que M. le docteur Guyon était d'accord avec nous sur plus de points encore qu'il ne l'avait cru. — Nous regrettons ses dissidences avec nous sur la VICE-ROYAUTÉ HÉRÉDITAIRE d'un prince français en Afrique. Mais M. Guyon, esprit réfléchi et instruit, arrivera bientôt de lui-même, nous l'en assurons, à reconnaître l'excellence de cette pensée qui, vieille déjà de plus de dix années dans bien des têtes, prend une faveur rapidement croissante dans toute la France. C'est par conviction profonde que nous appelons de tous nos vœux la réalisation de cette haute pensée d'avenir.

FIN.

Nota. — M. Guyon a omis notre nom dans le tableau qu'il a publié des officiers supérieurs ou généraux qui ont été blessés en Afrique. Nous le fûmes trois fois, et nous gardons en outre les débris de deux lorgnettes brisées dans deux combats par les balles de l'ennemi. Nous sommes contraint, bien malgré nous, à en parler; mais notre silence en ce moment passerait pour une confirmation de l'exactitude de ce tableau en ce qui nous concerne. Vu la circonstance pour laquelle il est établi, notre réclamation est indispensable.

www.ingramcontent.com/pod-product-compliance
Ingram Content Group UK Ltd.
Pitfield, Milton Keynes, MK11 3LW, UK
UKHW022221070726
13613UKWH00004B/1799